우리 시대 현대시조 100인선 62

해남에서 온 편지

이지엽

태학사

우리 시대 현대시조 100인선 62

해남에서 온 편지

초판 1쇄 발행 2000년 10월 17일 • 초판 2쇄 발행 2006년 6월 30일 • 지은이 이지엽 • 펴낸이 지현구 • 펴낸곳 태학사 • 주소 경기도 파주시 교하읍 문발리 파주출판도시 498-8 • 전화 (031) 955-7580 (代) • 팩스 (031) 955-0910 • e-mail thaehak4@chol.com • http://www.태학사.com • 등록 제406-2006-00008호

ISBN 89-7626-572-6 04810 • ISBN 89-7626-507-6 (세트)

ⓒ 이지엽, 2000
값 6,000 원

☞ 저자와 협의하에 인지를 생략합니다.
☞ 파본은 구입한 곳이나 본사에서 바꾸어 드립니다.

이 시집은 한국문화예술진흥원의 문예진흥기금 지원을 받아 제작하였음.

마천에서(1994) (왼쪽부터 필자, 유재영, 김복근, 김연동, 이우걸, 전민 시인)

폼페이 화산폭발에 그대로 화석이 된 인간들의 마지막 모습 앞에서(1995)

전국 〈우리시를 사랑하는 모임〉 발기대회 행사장면(1999)

제18회 중앙시조대상 시상식장에서 〈우리시〉 동인들과 함께(1999)

차례

제1부 해남에서 온 편지

황토	13
가벼워짐에 대하여	14
아름다움의 한가운데	15
적벽을 찾아서	16
외로움	17
바다와 하늘	18
한국의 가을	20
해남에서 온 편지	21
하동 가는 길	23
야성(野性)을 꿈꾸며	24
작은 사랑	25
목숨	26
비, 사선으로 긋는	27
깨끗한, 참 깨끗한	29
연(蓮)	30
선(線)에 관한 명상	32
정점(頂點)	33
폭음(暴飮)으로 오는 봄	34
화음(和音)	35

뒷간에 별똥별 떨어진 날의 이야기 37

제2부 틈새로 본 일곱 가지 절망 또는 희망

틈새로 본 일곱 가지 절망 또는 희망 41
게장 담그기 46
50년대 문학 강의 – 무등일기(無等日記)·1 47
매월당 생각 – 무등일기(無等日記)·2 49
자살바위 – 무등일기(無等日記)·3 51
유채밭에서 – 무등일기(無等日記)·4 52
망월(望月) – 무등일기(無等日記)·5 53
밭이여, 밭채여 – 무등일기(無等日記)·6 55
튕겨나오는 공을 보면·1 57
튕겨나오는 공을 보면·2 59
담쟁이 넝쿨 – 인동일기(忍冬日記)·1 60
멸치볶음 – 인동일기(忍冬日記)·2 62
오래된 유곽(遊廓) – 인동일기(忍冬日記)·3 64
절망이 희망에게 66
내 몸이 광주(光州) 같다 67
출렁거림에 대하여 68

겨울 건너기	69
북어	71
실종	72
확성기	74
나사에 관한 기억	76
그래도 이 세상을 따뜻하게?	78
인심(人心)	80
여자는 길이다	81

제3부 떠도는 삼각형

떠도는 삼각형·1	85
떠도는 삼각형·2—그네	87
떠도는 삼각형·3	89
떠도는 삼각형·4	91
떠도는 삼각형·5—눈물	93
떠도는 삼각형·6—괄호에 관하여	95
떠도는 삼각형·7—풍장(風葬)	96
삼각형에 관하여	97
일어서는 바다·1	98

일어서는 바다·2-부활의 아침을 위하여　98
소년행(少年行)-김남천(金南天)　　　99
거리에서　　　　　　　　　　　　104

제4부 그대 하늘에 뜨는 내 사랑은

비가(悲歌)　　　　　　　　　　　106
간이역　　　　　　　　　　　　　107
그대 하늘에 뜨는 내 사랑은　　　 109
누이 생각　　　　　　　　　　　 111
필경(筆耕)　　　　　　　　　　　112
춥넘기　　　　　　　　　　　　　113
목숨에 기대어　　　　　　　　　 114
6월 이미지　　　　　　　　　　　116
전신주　　　　　　　　　　　　　119
가로등 산책　　　　　　　　　　 121
북악·5-어떤 꿈　　　　　　　　123
눈 오는 밤　　　　　　　　　　　124
가을에　　　　　　　　　　　　　126
겨울 일기　　　　　　　　　　　 128

실종기(失踪記)	131
사랑 산조(散調)·1—진눈깨비	133
사랑 산조(散調)·2—바람	134
사랑 산조(散調)·5—팔매질	135
사랑 산조(散調)·9—물소리	136
날아간 새들의 노래, 그 이후	137
떠도는 전봉준(全琫準)	140
이중섭(李仲燮)	146
해설 하늘에 이르는 목숨·오세영	151
이지엽 연보	167
참고문헌	169

제1부 해남에서 온 편지

황토

내 슬픔 으깨

네 붉은 적멸궁(寂滅宮)

가

닿으리

가슴 죄다 드러내고

무릎 꿇고

바보처럼

천(千)날을 매맞고 서서

잘못했다, 잘못했다고……

가벼워짐에 대하여

뽕나무 하면 생각나는 일이 많지만요.

하교길에 뒤가 마려워 후닥닥 뛰어든 뽕밭
웃뜸 영심이 고 쪼그만 계집애
옴시락거리며 먼저 일 보고 있던
다른 무엇보다 고 살끈한 엉덩이 떠오르지만요
몰라몰라 그때 마침 노을빛 콩당콩콩
방아 몇 섬 찧었다던가
쏴하니 개밥바라기 시린 살점 두엇 떠올랐던가
달싹이다 끝내 아무 말 않고 팽 돌아선 고, 고, 고
싸늘싸늘한 오디 입술 생각나지만요

그 후로 내 가슴 뽕밭이 하두 환해와서
환해는 와서……

아름다움의 한가운데

마른 땅 위에 한나절 비가 내리고
트랙터 지나간 뒤
깊게 패인 바퀴 자국들!

세상의 모오든 길들은 상처가 남긴 살점이다

적벽을 찾아서

입동 너머 낙엽의 한때 지는 일만 오롯하여
수런거리는 소문을 밟고 이서 가는 길
새떼 푼 하늘이 먼저 파랗게 질린다

가슴팍에 먹머루알 내려둘 일 아니었다면
돌아서서 내 앓아도 소금기둥 될 걸 그랬다
지는 꽃 붉은 씨방 하나 비워둘 걸 그랬다

강물에는 가을 한낮 목숨의 뼈들 이리 맑아
조약돌처럼 무릎 꿇고 손 모으는 다 저녁 때
종소리, ㄱ 겨디는 적신(赤身)과 따순 등불 그립다

어려워라 한 사람에게 가 등꽃 그늘 되는 일은
우듬지엔 바람이 잦고 또 층층진 푸른 절벽
마음은 산(山) 하나 세우고 밤늦도록 물이 든다

외로움

쫘악 땡볕이 선을 마구 그어대는 7월 한낮

서툰 발길질에 풀섶에서 튕겨 나온 지렁이 한 마리가
꺼칠한 시멘트 바닥 그 불가해의 사막을
기엄기엄 기어가다 뒤집어 배배꼬다가 해찰부리다
다시 한 번 슬리퍼에, 군화발에 밟히더니 짓밟히더니

끝내는 으깨진 채로 말라 비틀어져 가고 있군요, 글쎄

바다와 하늘

마음에는 누구에게나 하늘이 있습니다

푸른 물 고여 출렁이는 산(山), 그 흰 이마의 새떼

흘러도 다 울어내지 못한 강물이 있습니다

때로 절정을 향해 별은 또 빛나고

번개와 우레가 외로움에 꽂히지만

누구도 스스로의 하늘에 도달할 수 없습니다

마음에는 누구에게나 바다가 있습니다

희끗희끗한 절망의 파도, 등 푸른 욕망

숯처럼 타오르는 한 척 배 목숨처럼 떠 있습니다

숨비소리 하나도 숨어 그대를 향하지만

부딪히고 깨어져도 잠 하나 못 이루는 섬,

누구도 스스로의 바다 가 닿을 수 없습니다

* 99년 중앙시조 대상 수상작

한국의 가을

우리나라 가을에는 어머니가 있습니다

강물 끌고 달은 가응가응 수월래에 떠오르고

단풍 든 마음 하나 둘 어머니 곁에 모입니다

… 아가 힘들지야 여윈 등을 토닥이는 밤

무릎 꺾인 사랑들이 물소리에 귀 맑힙니다

밝은 간 한 톨에도 처 녀, 푸른 바람이 지납니다

해남에서 온 편지

아홉배비 길 질컥질컥해서
오늘도 삭신 꾹꾹 쑤신다

 아가 서울 가는 인편에 쌀 쪼간 부친다 비민하것냐만 그래도 잘 챙겨묵거라 아이엠 에픈가 뭔가가 징허긴 징헌갑다 느그 오래비도 존화로만 기별 딸랑하고 지난 설에도 안와브럿다 애비가 알믄 배락을 칠 것인디 그 냥반 까무잡잡하던 낯짝도 인자는 가뭇가뭇하다 나도 얼릉 따라 나서야 것는디 모진 것이 목숨이라 이도저도 못하고 그러냐 안.
 쑥 한 바구리 캐와 따듬다 말고 쏘주 한 잔 혔다 지랄놈의 농사는 지면 뭣 하냐 그래도 자석들한테 팥이랑 돈부, 깨, 콩 고추 보내는 재미였는디 너할코 종신서원이라니… 그것은 하느님하고 갤혼하는 것이라는디… 더 살기 팍팍해서 어쩌야 쓸란가 모르것다 너는 이 에미더러 보고 자퍼도 꾹 전디라고 했는디 달구 똥마냥 니 생각 끈하다

 복사꽃 저리 환하게 핀 것이

혼자 볼랑께 영 아깝다야

* 내가 있는 학교의 제자 중에 수녀가 한 사람 있었다. 몇 해 전 남도 답사길에 학생 몇이랑 그 수녀의 고향집을 들르게 되었는데 다 제금 나고 노모 한 분만 집을 지키고 있었다. 생전에 남편이 꽃과 나무를 좋아해 집안은 물론 텃밭까지 꽃들이 혼자 보기에는 민망할 정도로 흐드러져 있었다.

하동 가는 길

가야 할 길을 몇 번이고 잘못 들면서 생각한다
살아오면서 많은 길을 잘못 들었을 거라고
내 그대 찾아가는 길 애초부터 없었을 거라고.
그러나 길 들어서면 거기 어울리는 풍경 있듯
뒤란 간장맛 우려내는 5월 햇살도 있으리
독신(篤信)의 서늘한 뜨락 펑펑 꽃들은 피어나리.
길이 하동에 결국 닿지 못한다 해도
하동은 그 자리 있고 그대 또한 그러려니
사람은 몸 가운데라도 창을 내기 마련 아닌가.
바다가 꼭 목적이 아니라면 바다는,
어디에나 있고 또 아무 데도 없으리니
꽃핀 길 한때의 나무 밑에 잠시 짐을 내려두자.
바라보는 것만으로도 눈부신 사랑은 남아
애써 섬들은 제 희망의 노란 불씨를 깨무는가
　미답(未踏)의 투명한 시간이 겨울 수사(修士)처럼 지나는 저녁.

야성(野性)을 꿈꾸며

희망은 더 없다고 눈물 보이는 후배와
순대국밥을 먹는 저녁, 함박눈이 내린다
눈감고 바닥을 뒤집어봐 손등이 되잖아
목울대까지 치밀지만 나는 말을 못하고
가슴에 혼자 수없이 박았을 까만 못과
자취방, 찬 밥 한 덩이의 쓸쓸함을 생각한다.
그래 우걱우걱 짓씹어 봐 살맛나도록
잎 진 가지에도 햇살 마구 일렁일 거야
저 폭설 온몸으로 받으며 사흘 밤을 걸어가 봐
빈 술잔에 떨어지는 산양같은 네 눈망울
끝내 못한 말, 실은 내게 타이르며 때리며
늑대의 흰 벌판을 꿈꾼다, 야성이 그리운 불혹

작은 사랑

내 사랑 이런 방(房)이라면 좋겠다
한지에 스미는 은은한 햇살 받아
밀화빛 곱게 익는 겨울
유자향 그윽한

내 사랑 이런 뜨락이라면 참 좋겠다
눈 덮혀 눈에 갇혀 은백으로 잠든 새벽
발자국 누군가 하나
꼭 찍어 놓고간

목숨

꾸부정한 할머니가
아기를 들쳐 메고
부서진 양철대문 앞
재우 가누며 서있다

담벼락 괴발개발로

접 부칩니다 환영

비, 사선으로 긋는

사선으로 내리는 빗방울은 외롭다

몸 궁글려 다른 몸들과 만나기 위해

온전히 오체투지(五體投地)하는 모습들은 아름답다

바람이 냅다 달려와 뺨을 후려치고는

목덜미 낚아채고 오르기를 강요하지만

따르지 못한 마음이 하반신에 늘 몰려있다

…아직은 나, 날 수가 없어 무겁고 추워서

  떨리는 손을 얹을 불씨 하나 없는걸

  창 안의 따사한 노래 이랑이랑 그리워져…

사람은 외로우니까 엇갈려 손잡는 거야

하느님도 때로 외로워 빗금 그으며 우는 거야

하늘도 그 허전 어찌 못해 쌍무지개 띄우는 거야

깨끗한, 참 깨끗한

하아! 세상은 갈수록 깨끗하고 깨끗하여라

국도 변

신고 받습니다 전주 위의 까치집

연(蓮)

1
여자(女子), 하늘로
하늘로 날아오르는 여자(女子)
큰 스님 손바닥에
홍등(紅燈)을 내걸고
봉긋이
물 오른 아랫도리
오, 니르바나
불빛 하나

2
지새는 밤 그리움은
진창이라도 좋다
이것이
네게 갈 수 있는
유일한 길이라면
내 살에 꽃불을 놓아
그대 강(江) 건너리

3
너를 보면 따뜻한
마을이 보인다
따뜻한 불빛 따뜻한 방(房)
따뜻한 무덤들
연분홍 바람의 살들이
흰 산(山)의
이마를 끌고 간다.

선(線)에 관한 명상

방금 나온 따뜻한 달걀을 만지노라면
논 다랑이 휘어진 길들과 보름달
둥글어 더 내줄 것 없는
가난들이 보인다.

삼각자와 콤파스에 찔려 아린 시절 있었지
상처를 쥐고 펼 줄 모르던 푸른 욕망의.
산(山) 쌓고 산(山)을 허물고, 산(山) 넘어 산(山)으로 앉던
예리한 삼각 파도 한 끝을 말아올리며
비바람 속 게 눈처럼 늘 꿈이 슬픈 나는
누구의 따뜻한 개펄이
되어본 적 있었던가

모난 것이 둥글게 나를 키워온 힘이었네
긁혀진 등 새살 돋고 가지 더러 휘어져
사뿐히 고개 든 추녀 끝,
그 유정도 보게 되었네

정점(頂點)

저렇게 청명하게 흐를 수 없을까
얼음 한 쪽 깨져나가는 겨울 따사한 날
그 밑에 또르륵 똑똑 흐르는 작은 물살처럼

또 저렇게 아찔하게 질주할 수 없을까
오로지 한 정점을 향해 온몸으로 닫는 절망
적요의 슬픈 역사를 뚫고 가는 화살처럼

때론 저렇게 매섭게 돌아설 수 없을까
청청한 허리를 휘어 아슬하게 버팅기다가
눈 녹자, 팽 허공을 날아 후려치는 댓가지처럼

폭음(暴飮)으로 오는 봄

아직 남은 찬바람이 나무숲을 몰아친다
번개가 찌르는 칼, 저 적나라한 무너짐
사위가 환해진 순간 나, 홀연 묘묘해지네

산이 눈 부라리며 비명 지르네, 아프네
불화살들, 천지 사방으로 쏘아 올리는
하늘이 그 빛 받아 출렁~ 하혈을 쏟네 아찔하네

네게 가는 길 언제나 이리 붉고 선명한가
땅 섶과 가지 틈새 알집은 기어이 살아
온몸 다 쑤시는 어머니, 살과 껍질 뚫는가

화음(和音)

가령 우리 사랑 저 기다림 아닐까 몰라
혹부리오리 한 쌍, 다리 한 쪽씩 들고
등 깃에 머리를 묻어
지순히 올리는 기도

그 기도 때로 막막하여 는개 내리는 저녁
하얗게 여윈 가슴 서로 쓸며 쓸어주며
가지마 가지마라, 고
속삭이는 갈대들……

허나 그 갈밭 새떼들은 죄죄 날아올라
눈부신 잔치야 곧 펼쳐지기 마련 아닌가
돋을볕 빛이랑 몰고올 오,
금니은니(金泥銀泥) 물살이여

우리 사랑 그러나 새떼 보낸 갈밭 머리,
죽은 뻘 구멍마다 부리 붉은 그리움 찍어
항적(航跡)의 흰 상처 끝이라도

섬 하나 밀어 올리네

뒷간에 별똥별 떨어진 날의 이야기

징용 나갔다 영영 안 돌아와
혼자된 게 서른 둘 이랬던가

병산서원 바깥의 텃밭 한쪽에
오두마한 머슴 뒷간 하나 있는데요
달팽이 울타리로 옴팍 패여
남성 전용 거시기 하는 데라는데요
고봉으로 물러터지게 그릇 반을 비우고
분기 탱천하여 오줌발 시원하게 갈기고는
파르르 어깨 한 번 떨던 석남이
때 마침 별똥별 파르라니 하늘 그어대는걸 보더니
갸우뚱 갸우뚱거리다 그만 딴 생각이 들어서는
풍산 들판 웃뜸 젖가슴 큰 처녀를
그예 후려 냈다던가
꽃뫼가 꽃내 휘돌아간 거기 거 물동이동
들판 들썩들썩, 밤꽃 향내 진동했다던가

할머니 거기서 말 멈추고는

귀밑 살짝 붉히더만요

제2부 틈새로 본 일곱 가지 절망 또는 희망

틈새로 본 일곱 가지 절망 또는 희망

1
어릴 적에 하늘은 내게 커다란 틈이었다.
소나무 껍질 벗겨내어 질겅질겅 씹으며
허기를 물 건너가던
깡보리밥
보리개떡 시절

하늘에는 흰 구름
일곱 선녀가 물을 긷고
나는 그 옆에 누워 책을 읽다 잠들곤 했다.
달려가 발 한 번 구르면 달도 되고 별도 되었다.

2
지 분수를 알아야 해
어머니는 타이르곤 했다.

봐라, 가뭄에도 저 샘물이 마르던?

목 빼고 내려다 보면
찰랑대던
푸른 빛의 물

3
푸른 욕망은 흰 갈기 날려
회색도시를 질주해갔다
중랑천 둑방에서도 도원동 산번지에서도
돌계단 굴러 넘어져도 눈을 감고 이 깨물던

비집고 나가야 해 사람들과 어깨 부딪히며
바위 틈 끼여 내 몸이 상처 나고 피멍들더라도
여기서 앉을 수 없어
하늘, 하늘이 너무 낮아

4
그해 겨울 쌀밥의 흰 눈을 맞으며
뎅뎅 얼었던가 감자도 누이 마음도

낙상한 다리를 끌면 눈앞 가득 떨어지던 어둠
좌판도 빼앗기고 눈물까지 빼앗기고
일곱 식솔 목구멍, 겨울 강물 밀려올 때
막아도 틈새로 스미던 새창고개 혹독한 바람

5
아버지는 내내 말이 없으셨지 등 돌린 채
누가 아버지의 반쪽을 가져갔을까
쑥 뜸뜬 손등에 지던
그믐달마저도

6
조금 틈새를 주었다면
너에게 갈 수 있었을텐데
조금만 방심하여
네 문(門)을 열어 주었다면
흘러서 스며들어서
하나일 수 있었을텐데

완벽한 흰 눈꽃의 세상
너 갔을까
새가 되어
자유의 하늘로 우리 어릴 적 그 하늘로
더디게 하늘이 내려앉는다
은빛 환한 저녁이다.

7
누가 내 죄(罪)를, 내 죄(罪)의 발을 씻어줄 수 있을까
선(線) 밖에서 내내 떨며
물구나무서던 내 발
따뜻한 어느 방 안에 들어놓을 수 있을까

문 밑으로 새어나오는 가느다란 불빛 하나
그 불빛에 발을 씻으며
울었다
소리 없이

아직도 푸른 빛 새어나올까
어머니 좁은 우물에서는

게장 담그기

시장에서 사온 게들을 확독에 부려놓는다

구멍이 송송 파여 곰보 째보 확독 위로
재빠르게 기어오르는 놈 꺼먹꺼먹 눈 감추며 올라서는 놈
얼얼하게 나자빠지는 놈 바닥으로 냅다 곤두박질 치는 놈
아하 기막히게 죽은 시늉하는 놈
사정없이 짓빻아라 자근자근
도망가는 놈부터 꽝 내리쳐
아동비등 아글법적 수런두런 움찔꿈질 불났다 지진났다
하늘이 무너진다 지축을 울리며
박박 갈아 엎어 다 죽여 없애
가루로 씨로 말려

거 그냥 문제 있으면
콱 비벼버리면
조용하잖겠어 게장같이

50년대 문학 강의
―무등일기(無等日記)・1

더 다가설래야 갈 수 없는
무등의 적막에 서면
쓰러져간 목숨들도 저리 곱게 타는 것을
살아서 부끄러움이 켜켜이 눈을 뜬다

바람이 분다 바람재에
소리없는, 오오 절망의 몸짓으로

  희고 깨끗한 거울 속에서 친구가 죽고 아버지 그 아버지의 아버지도 죽고 소리쳐도 오지 않는 메아리 그 기적들도 죽고 나는 무등(無等)을 바라보며 50년대 문학을 강의한다. 지도를 그리고 동강난 허리에서 울고 선 한 시인의 기막힌 생애를, 황토 움막의 굶주린 식솔들의 초롱한 눈동자를 분필가루 날리며 톤을 높혀 소리치건만 너희들은 아느냐 그 눈동자 위로 한 시대가 흘러가고 또 총칼 겨눈 한 시대가 속절없이 흘러갔음을. 칠판으로 얼굴을 돌려 터지려는 분노 애써 눌러가며 무등을 보면 오늘 어찌 무등의 하늘 저리 푸르고 세상은 아무 일 없이 정말 조용

한가.

　무등(無等)을 오르는 저녁에는
　무서운 그리움이 눈불을 켠다

매월당 생각
— 무등일기(無等日記) · 2

거꾸로 선 역사 앞에
외로운 누가 간다
바람, 아니면 풀잎
그 아니면 이슬같이
턱없이 모자라는 본전
거덜난 사내가 간다.

뿌리 뽑힌 울음 하나
때묻은 한(恨)을 씹으며
아무래도 승산 없는 싸움인 줄 알면서도
바위에 부딪히는 적막, 메아리도 멍이 든다.

사내가 자박이며 간다
하늘 보며 말이 없다
배고픔 그 끝에 서면
고독도 사치인 것을
주린 배, 넉넉한 자유여
정의(正義)여 칼날이여.

남도(南道)의 눈발이 사내를 에워싼다
내리는 눈 퍼붓는 눈 내려 쌓여
길 막는 눈
멀었냐 끝내 안오느냐 햇살 좋은
삼월(三月)의 봄은.

왕도(王道) 위에 법도(法道) 있으면
그 위에는 민도(民道) 있음을
아느냐 정녕 네 아느냐
퀭한 눈 부릅뜬 채
세한의 삼동(三冬)을 건너
대쪽 퍼런
사내 하나 간다.

자살바위
―무등일기(無等日記)・3

  유독 말이 빠른 까무잡잡한
상겸이가 자살했다.

  무엇이 그를 데려갔을까 국민학교 시절 그 긴 여름날 라디오의 축구 경기를 아나운서 흉내를 내며 잘도 따라하던 상겸이. 그 흉내처럼 달음질도 잘하고 공도 잘 차던 상겸이. 작지만 야무진 순토종 해남 똥개 상겸이. 지방 명문대, 명문과를 진학해서 더러 데모도 하고 소주도 마시고 연애도 하고…… 그러더니 어느날 무등의 자살바위 아래로 몸을 던졌다. 상경대를 졸업하고도 취직하지 못해서일까. 필기시험 다 붙어도 뭐 잘난 꼬리냐고 꼬리표를 달아대는 세상이 미워서였을까 구름 한 점 없이 맑은 오월의 하늘이 무서워서였을까 정말 무서웠던 것일까

  무등(無等)은 말없이 돌아눕고
해남 바다,
대책없이 그리운 날.

유채밭에서
―무등일기(無等日記)·4

삶이란 때로
봄 세상의 나들이,
조그맣고 아름다운
병아리떼 종종거림 같은 것.
남도 땅, 물오르는 남도 땅
유채꽃밭 같은 것.

더러 그만그만한 울음과 부대낌 섞여
다 떠나고 빈 산천
저 홀로 깊어가도
저것 봐, 물살 환한 그리움으로
살아오는
그것.

망월(望月)
― 무등일기(無等日記) · 5

십년 넘게 기다려도
그리움은 오지 않는다
돌아앉아 먹먹이며
굳어져간 얼굴들
그 적의 곡진한 몸짓은
돌이 되어 서 있는가

영혼을 도둑 맞고
살결마저 앗긴 오월(五月)
계절의 눈부심에
차라리 눈이 멀어
총성이 흘러간 자리
달도 별도 뜨지 않았다

온몸으로 거부하는
너 무등(無等)의 아들이여
긴 동면 뚫고 오너라
화산이 되어 갈날이 되어

뻐꾸기 울음도 감겨
섬을 하나 띄우는 것을

네가 내게 산(山)이라면
나는 너의 집이 되리
새떼의 집
바람의 집
꿈의 집
잠의 집
길가다 때로 들러서
곤고(困苦)함을 누이게나.

발해여, 발해여
―무등일기(無等日記)·6

1
선(線) 굵은 목청이
나무를 톱질한다.
검게 탄 팔뚝이
동헌(東軒) 향해 낫질한다.
쑥물 든 열두 가슴들
피여울로 통곡한다.

2
그리움을 그립다 이름하지 않더라도 눈빛 보면 그냥 보인다. 핏줄처럼 따사한 눈물, 미움의 매운 채찍도 신화(神話)처럼 잠이 든 밤.

꽁꽁 언 북만(北滿)의 땅 아이들이 뛰고 있다. 말갈퀴 휘날리며 황해(黃海) 건너 달려온 바람, 바람도 거친 숨 몰래 죽여 그 곁에서 폴짝이며 뛴다.

광활한 저 들과 바람과 표정과 절망까지도 함께 다 거두어 내 땅으로 가야지. 떠도는 황사바람도 이제는 사냥해야지.

3
오천리(五千里)의 하늘 칸칸
별을 총총 머리에 이고
막힌 철조망 넘어
한밤에도 갔다오네
가슴에 심어둔 풀씨
불티 되어 자욱하네

튕겨나오는 공을 보면·1

튕겨 나오는 공은
우리를 아프게 한다.
노래처럼
눈발처럼
낙하하는 세월이여
언젠가 잊어야 했던
사랑들이 쏟아진다.

그래 그렇게 너를 사랑한 건
바람이 그리워서야
반란의 외로운 밤
차오르고 싶었던 거야
절대의 저 벽(壁)을 향해
부딪히고 싶었던 거야

부딪혀서 깨어지면
어떤 날이 우리게 오나
남남북녀 손에 손잡고

마라도에서 북만까지
새날은 정말로 올까
오지 않을까 올까. 올까?

튕겨나오는 공을 보면 · 2

무한창공 날아가는 유년(幼年)의 돌팔매
정지에서 율동으로
절망에서 자유로
바람이 바람을 뚫고 엄동을 쓸고간다

오랫동안 감금당한 쇠창살을 박차고
…… 이탈·파동·돌진·충돌
반전·전율·함성
아아 함성
매맞고 버림받아도 너를 사랑한다, 사랑한다

절규하듯 달려오는 저 혼신의 아름다움
한 번 더 힘껏 차올려
슬픔마다 날개 달아주고
더 이상 이 지상에는
너를 가두지 않으리.

담쟁이 넝쿨
— 인동일기(忍冬日記) · 1

이것이 네게 갈 수 있는
마지막 방법이라면
어쩌리 눈을 감고
거꾸로 매달릴 밖에
못 하나 박을 수 없는
허공에다 집을 짓는다.

사운대는 바람 조금 일렁이는 햇살 조금
눈 틔우고 잎을 내어
내밀하게 정죄한 나날
뻗어도 닿을 수 없는 너를 향해 온몸으로

눈물도 말라버린 물기 없는 눈을 들어
바람에 살갗 트는 겨울날을 견디면서
끝내는 버릴 수 없던 목숨이여, 오
사랑이여

참담하다

무너질 집은
아예 짓지 말 것을……

앙상한 손가락 사이 눈이 내려 쌓이고.

벽마다 뚝뚝 부러져
뼈만 남은
저 그리움!

멸치볶음
―인동일기(忍冬日記)·2

추운 방 옹송그린
내 작고 작은 욕망들이여
너희를 위해
나는 기꺼이 저녁을 준비하리라.
흰 설탕 행복조미료 조금 외간장의 굴욕도 조금

되도록 너희들은 향긋하게 피어 올라라
눈 뒤집고 까무라쳐 소리없이 죽어가거라
타는 몸, 목이 센 설움도 잠시 후면 멎으리라

때로 파도의 기누러미
빠른 물살에 유영하던
젊은 날의 자유여,
푸른 사랑의 음계들이여!
그 이름 까무촉촉 오거든
눈물도 조금 흘리거라.

그러나 누가 막으리

이 풍요로운 저녁의 한 때
꼬들꼬들 씹혀져
혀 끝에 녹는 겨울 한밤을

누군가 또 젓가락 올려
바다의 꿈을 낚고 있다.

오래된 유곽(遊廓)
―인동일기(忍冬日記)·3

나는 콩깍지예요.
잘 비벼 주세요

손 끝에 엉겨들어도
매정하게 뿌리치세요

땅바닥 나동그라지는 게
내가 맡은 배역이예요.

더러 침뱉고 지나가고
눈 흘기며 피해 가도

미끌미끌 윤내며
웃고 살아요

속창시 없는 년처럼
머리 풀고 살아요

밟고 문지르면
큰 허무의 집, 짓지요

밥풀과 무말랭이
꾸정물과 파리 똥

밤이면 등불도 내걸지요
누가 보나요?
같이 자요.

절망이 희망에게

때로 우리 인생도 꺾어지는 길 있어야겠다
직진으로 돌진하다 잠시 멈춰 서는 것 말고
옆길로 에돌아가서 헤매다가 웃다가
그래, 종로 1번지 유채꽃밭을 만들어 보자
훨씬 더 북쪽이 가까워 보이겠지
그렇지, 한국의 봄 물결 노랏노랏 조막손의

내 몸이 광주(光州) 같다

갈망의 갈증 같은 남도의 뜨락에는
폭염의 폭염 같은 잡초들만 우거져서
불 나간 빈 집만 같다 내 몸이 광주(光州) 같다

석류 한 알 뻐개지는 심정으로 사랑한다 너를
수백 번 되뇌어도 가당찮다 마뜩찮다
길 위에 흐드러지던 꽃잎 뚝뚝 지던 오월의 밤

망월(望月)엔 여직 비 내리고 만장, 만장의 깃발
아득한 펄럭임의, 숭숭 뚫린 겟구멍의
내 몸이 지금 광주(光州) 같다 유배의 그리움 같다

출렁거림에 대하여

한줄기 바람 불어도 앞과 뒤를 번갈아 가며
무슨무슨 사랑의 손짓 저리 보내는 이파리들
속살의 내밀한 기별로 사운대는 저것들 봐

지난 겨울 저것들, 온통 갈라터지던 살갗
떡떡거리는 추위 속에 멍멍이며 섰더니
떠밀면 금방 쓰러질 듯 옴싸 안고 앓더니

아슬한 우듬지 어느 한 가지도 부러지지 않고
어쩜 저것들, 살을 뚫고 촉 내밀어
초록의 푸른푸른 살격 살랑거리고 있나니

보아라 청청한 허리 저 눈부신 생광(生光)
아름다운 일 아니랴 출렁거린다는 것은
새떼의 차오름 같은, 하늘의 떨림 같은

겨울 건너기

1. 부재(不在)

빈 산 빈 들
빈 하늘 빈 방
바람이 종일 불고

빈 섬
빈 가슴
빈 바다
빈 집
눈이 종일 내렸다

쌓인 눈
바람이 훑고간 자리
아무도 없었다
아무일 없었다

2. 동치미

얼음장 밑이라도
겨울 애기 꽃은 핀다

새침하게 막 돌아선 여인(女人)
흰 눈 저리 내려 쌓이고

아직도 혀끝에 감도는
싸늘한
여운

북어

매맞고 부러져서
추위 속에 꽁꽁 얼어가도

절망을 더 이상
절망이라 부르지 말자

아침상
속을 헹구며
햇살은
너무 부셔……

실종

이름 : 조 영 기 (남, 실종 당시 12세)

실종일자 : 92. 4. 11

실종장소 : 경남 창원

인상 착의 및 특이 사항 :

왼쪽 무릎 위에 유리에 찔린 흉터가 1.5cm정도 흐리게 있음.

얼굴에 희미한 화상자국. 쪽박 귀.

우린 때로 그저 살아가지
나도 그도 아닌 아무 것도 아니게.

한국담배인삼공사의 88라이트 한 갑을 다 피우고 구겨 버린다. 영기를 찾아주세요. 영기 얼굴이 쓰레기통에서 울고있다. 누가 데려다 앵벌이를 시키는지 살았는지 죽었는지 몇갑이나 구겨야 그가 돌아올런지 나는 모른다. 또래인 아들놈은 담배 잔심부름을 잘해주지만 영기가 왜 거기 울고 서있는지 산너머 배고픈 세상이 왜 존재하는지 잘 모른다. 물심으로 건너지 못하는 오월(五月). 배가 고파 소나무 껍질을 벗겨 먹었지. 아빠는 참 답답해 먹을 게 없으면

라면이나 끓여 먹지. 모든 게 일회용이고 포장된 편리한 세상 그래도 노상 입내밀고 툴툴거리는 아들놈은 아프리카에서 오늘도 몇 천(千) 명이 먹지 못해 죽었는지, 짭새짓을 해서라도 먹이를 날라와야 하는 이땅의 아버지가 얼마나 많은지 알지 못한다. 그걸 알까 나도 너도 우리 모두도 까맣게 잊고 살아가는데……

   어머니
   일러주세요
   내가 누구인지 무얼하러 이 땅, 이 구석에 왔는지
   네?

확성기

저 밑바닥
죽고있다
닿지 않는
흔적,
… 바람 …
네 존재는 거기 두고
몸뚱이만 오너라
미세한
빛 바늘들이
뇌세포를 쪼고 있다.

(찾아봐 눈 부릅뜨고 나도 너도 거기 없잖아 연신 전화 벨은 빈 방 가득 울리고 제기랄, 차렷자세야! 똥만 가득한 밥벌레야!)

꽃이 진다
하나 둘
수없이 절망하며

거대한 자궁문 열고
어둠이다
칠흑의
박제된 웃음이 하나
칼 끝에서 효수(梟首)된다

이제 더 이상은
소리 속에 가두지 마
자유롭게 날고 싶어
새가 되어
꽃씨 되어
살 밖에 나가 앉아서
오늘은 종일
울고 싶어.

나사에 관한 기억

안 잊힐 일들이 그저 잠잠히 사라져 간다
고향 집이 수몰하듯
기억 속에 묻혀 가는 일은
참으로 눈물겨운 일이다
믿을 수 없는 일이다

쓸려간 자리마다 그래서 표시를 하고
미더운 저 끝에서 소리하여 눈짓하고
돌아도 몇 굽이 돌아 연신 뒤돌아보는 게다

    ―뒤틀리는 울음소리
    소름 돋는
    제3구역
    어버버 수천의 무덤들
    아부바버 비가 내리고
    뻥 뚫린 5월 광주여
    출구가 너무 멀다

억새풀 둑길 위로 달이 또 뜨는갑다
안에는 바퀴 흔적
밖에는 칼날 그리움
꼭 끼워 아픈 상처도 이윽고 하나가 되듯

그래도 이 세상을 따뜻하게?

1
아가야 너만은 이 세상을 따뜻하게
껴안아야 한단다

지존파가 살인공장을 세우고 태운 연기 까맣게 푸른 하늘 덮어가도 열차도 붕괴되고 어느 날은 어느 날 아침은 그렇게 든든해 보이던 한강 다리가 무 자른 듯 댕겅 끊어지고 버스가 대롱 매달리더니 물 속으로 거꾸러져 떨어지고 등교하던 학생들이 무더기로 저 세상 갔는데 이 세상은 보고를 받았느니 몰랐느니 어쩌구 하면서 며칠 왁자지껄하더니 글쎄……

아가야 정말 감쪽같게도
조용하잖니
심심하잖니

2
잠시 흐려진 것 뿐이야

곧 맑아지고 햇볕 내려 쬐겠지

　아침에 회사 나간 누이가 윤간되어 시체로 돌아와도 엘리베이터가 갑자기 아버지의 사지를 훑고 갔어도 그래 그래, 가스 폭발로 무더기로 죽고 수십 채가 흔적도 없이 박살나도 아가야 너만은 아름답게 꽃들이 속살대는 시월의 마알간 빛발처럼, 강물처럼 속살져 흘러가야 한단다

　그러나 언제까지인가
　말간 하늘은
　아직도, 인가

인심(人心)

빨간 불이 켜지도록
횡단보도 중간 겨우 넘은
할머니

사방 둘레둘레
허둥허둥 마저 건너오는데
승용차 끽 서고
넥타이 맨 사내 하나가 차창으로 고개 쏙 내밀고
할머니에게 뭐라 뭐라고 소리친다
할머니는 주억거리다가 머쓱해 엉거주춤,
사내는 씨이팔 조오팔 팔팔거리다가
문닫고 떠나면서도 삿대질 해대는데

할머니 차 뒤꽁무니 멍하니 바라본다.

여자는 길이다

1
하늘은 제 가슴을 가르며 길을 내고

바다는 시린 가슴을 덮으며 길을 지운다

흉터를 드러내지 않는 여자,

길은 여자다

2
퉁퉁 분 음식찌꺼기가
말라 붙어가는 황금동 골목

고래등같이 유들거리는 사내들의 눈이 짓밟고 지나도
천연스레 화장을 고치고 앉아
파릇파릇하게 꽃 가슴 열어 보이네
그 여자, 얼굴을 두드리다 고개 디밀어
흘끔 흘끔 보내는 눈짓

붉은 입술… 거기,
길이 놓여있네 혼자 들어가기에는 화사하고
빼곡한 토마토, 속 같은 밤

나 걸음, 문득 붉어지고 숨, 가빠지네 아프네

3
세상 사내들 산(山) 가랑이에 지친 발을 담그는 저녁

달빛 내리는 개펄을 나눠 가진 남도 아낙들도
둥근 방! 아, 따뜻한 품어 아이들을 키우고 있다

제3부 떠도는 삼각형

떠도는 삼각형 · 1

나
벅차고도 슬픈 꿈 하나 가졌어라
모나고 금간 가슴들 부딪혀온 강기슭에
여직도 연이 되어 떠도는
슬픈 꿈 하나 가졌어라

푸른 절망의 손끝마다
일어서던 자모(子母)의 울음.

아직도 나 알 수가 없네 나를 향해 자꾸 일어서던 칼날 같은 바다 물살과 목울대까지 차오르던 찬 바람소리.
아버님은 등돌린 채 내내 말씀이 없으시고 바늘귀 어두운 어머님 손끝 성에처럼 묻어나던 겨울, 그때부턴가 멀리 가고 싶어지는 꿈을 꾸기 시작했네. 점과 점이 모여 선을 만들고 선들이 모여 만드는 삼각형의 아름답고 불안한 꿈을…… 밤이면 것들이 별이 되어 가슴에 와 박혔네
박혀 내 가슴엔 아아 밤새 피가 끓고 조선 창호지같이 팽팽히 떨던 슬픈 꿈 하나 잠 잃은 새벽이면 마른 혼들

불러모아 들녘 가득 불을 내질렀네.

  비 젖은 그 꿈이 낱낱이
  머리 풀고 떠도는 오늘.

나
기막히고 벅찬 꿈을 가졌어라
살이 타는 그대와 나
재로 스러질 그날까지
끊지도 맺지도 못할
슬픈 선(線)의 꿈 하나 가졌어라.

떠도는 삼각형 · 2
―그네

놀이터에서
한 아이가
그네를 타고 있다.

그네를 타는 것은 아이와 내가 다를 바 아니다. 그러나 아이가 느끼는 것은 하늘과 땅 번갈아보는 아찔한 재미이고 내 그네는 실은 허공에 매여져 환시처럼 머릿속을 오갈 뿐이다 (화사한 꽃밭과 텃밭 사이, 더러 죽음과 삶 사이, 안개와 눈물 사이, 관념과 실존 사이)

내 그네에 있어 안개와 죽음은 동류항이다. 땅과 실존이 동류항이듯. 아이가 하늘과 땅을 자유자재로 오가며 재미를 느끼는 그것처럼 아아 나도 번갈아 그 두 개를 맞잡아 흔드는 재미를 볼 수 없는 것일까.

땅
하늘
선명한 경계 위에
발이 아픈

내
그림자.

떠도는 삼각형 · 3

하나 더하기
하나는
둘이 아닙니다

둘은 이 세상에
존재하지 않습니다

모두가
하나입니다
섬이
하나
해가
하나이듯.

하나는 정직하여
휘어지지 않습니다

보는 것의 시작이고

모든 것의 끝입니다

고독은
그가 거느리는
고유의
영토입니다.

떠도는 삼각형 · 4

비가 내렸다
비가(悲歌)처럼

우울한
해저
그믐달 돋던
그날

 소리들이 오고 있었어. 만경들 건너 흰 머리카락 날리며 목칼 쓴 소리들이. 가만히 귀를 모으면 그건 낮은 흐느낌이었어 물러가라, 검은 산아 물러가라 그렇게 들리는 듯했어 붉은 피 서너 방울이 그 소리에 섞여 있었어 투박하게 땀내 절은 목소리였어
 검은, 검은, 검은 산은 모두 가라 무너져라 그 소리들은 산울림 되어 이 골 저 골 울려갔어. 혹시 들었는지 몰라, 핏물 괸 그 소리 고문당한 그 소리 찢겨발려 얼굴도 이름도 없는 그 소리 저승까지 다녀온 그 소리. 그 소리들 하나 둘 손잡디니 이윽고 수천 수만이 모여 웅장한 화음 이

루어내는 것을

  아, 그래 그 화음 그 살아 뛰는 율동의 소리 얼마나 기다려왔던가 얼마나 듣고 싶었던가 발 가장자리에 물살들이 모이고 나는 자꾸 하늘로 날아오르고 싶었어 훨훨 어디론가 날아가고 싶었어.

  그런데
  이상한 일도 다 있지
  그 화음의 노래들이 나를,
  나를 휘감아 하늘 위로
  떠올리는 거였어.

떠도는 삼각형·5
―눈물

견고하게
잠궈진 문
너는 거기서
태어난다

어두운 숲길 걸어나와
빛살 몇 개
입에 물고

생각이 머무는 곳에서
피와 몸을 섞는다.

때로 너는 위장한다
여자의 입술 위에서

황홀한 덫에 걸려
혼을 빼고
더듬거리는 동안

희고 흰
절망의 표피
그 밖에
우리는 있다.

네 정점은
동그라미
온갖 사물이
빛나는 곳

빛남의 끝에는
천길 고요가 누워 있다.

대지는
싸늘한 무덤
네 영혼의
집이다.

떠도는 삼각형 · 6
―괄호에 관하여

양쪽으로 갇혀 있다
모반의
깊은 늪에

목에 칼집을 씌우고 허위자백을 강요하는 너는 누구냐, 어둠을 몰고와서 뜨락 안팎 가득 부려놓고 흰 벽마다 검은 페인트를 박박 문지르고 있는 너는 검은 얼굴 검은 손의 너는 누구냐 지하실 감방에 맥없이 나를 가둬놓고 멋대로 채찍을 휘두르다 가버리고는 해가 떠도 오지 않는 너는 위대한 백성의 이름으로나 들먹거리는 너는 너는 누구냐 어느 나라의 위대하고 고귀한 족속이냐.

놓아줘 놓아 놓아줘
약봉지에 쌓여 점점 소멸되어가는 나는
흰
알약.

떠도는 삼각형 · 7
―풍장(風葬)

떠나야 할 시간이다
너는 바다로
나는 뭍으로

 친구여, 마주서서 바라보면 그리운 순간들이 강물 빛으로 흘러가고 그 강물 빛 뒤에 무너져 내리던 눈물까지 떠남을 보는가. 문밖 서성이던 불안한 꿈도 바람 되어 바람이 떠남을 보는가. 번뜩이던 매운 칼날, 음모의 눈초리 다 때려눕히고 끝내 지킨 우리 순결의 뜨락, 언 손을 호호 불며 책장을 넘기면 먼데 하늘 한 자락이 내려와 봄 물살 일렁이던 것을 네 깨끗한 혼백 불러 바다 위로 흩으며 이제 잊혀짐을 위하여 기도할 시간이다.

가거라
빛 되어 가거라
맑고 고운
소리가 되어.

삼각형에 관하여

1. 빗면

탄탄한 어둠을 거기 잠시 내려두게
속잎 뽑는 이파리의 부드러운 회전 낙하
아르르 졸음이 밀려 그만 눈을 감는 오후.

2. 모서리

아직도 내 손안에는 모나고 모난 오기들이
황토빛 무지와 솔불 켠 불면으로 산다
꽉 쥐면 핏물이 배어도 다시 펼 줄 모른다.

3. 수직

살의(殺意)를 번뜩이며 달려드는 멀미를 딛고
붉게 달은 의기(意氣) 하나 송곳으로 서는 아픔
온 뜨락 햇살이 모여 아침 내내 반란이다.

일어서는 바다 · 1

낮게 부서지는 무한량의 햇살들
해초들 파란 손금에 은어떼가 일렁입니다.
시간의 흰 두개골(頭蓋骨)이 몰래 빠져 나갑니다.

썰고 썰어내도 뼈들의 싱싱한 웃음
가쁜 숨 자지러지며 낮달 하나 토해낸 뒤
무르팍 깨진 유년이 소리치며 달립니다.

어디론가 소란소란 소문들이 눈뜹니다.
순금빛 부채 무늬 노을인 듯 깔아두고
산고(産苦)의 멀미를 깨문 여인들이 뒹굽니다.

종(鐘)소리 떠갑니다. 녹물 씻고 절망 딛고
모둠발 뛴 아픈 자리 꽃을 들어 답하는 아,
한목숨 쓸려간 후에 다시 오는 물살이여.

일어서는 바다·2
―부활의 아침을 위하여

1

질주한다 탄탄한 어망 속의 새 울음들이…… 찔려서 아픈 기억마다 살비늘로 일렁이던, 그래도 포션을 그리는 아아 어린 날 팔매 끝을.

그날 나는 바다에 서 있었다. 서서 기도하면 달이 돋기를 기다렸다 달은 뜨지 않았고 오히려 목을 조이던 나사들의 웅얼거림.

지금 저 밖 눈 비치는 싸늘한 공습경보 바람이 오겠지 더운 바람 이끼가 낀. **어머니 배가 고파요 섬들이 울고 있어요**

2

낮인데도밤이었다뿌리뽑힌바람이날세운칼날앞에하얗게쓰러지고바다는게구멍숨어실눈뜨고울었다.들을수도말할수도없었다옆구리가가엾게도기침을쿵쿵……슬슬빠지고내나리잔털이돋아정말개가되고싶었나.

3
상심한 벨라돈나(Belladona)
꽃을 흩고 뛰어간다.
죽었어요
그 사내는
…… 매달려
두눈 뜬 채

풀들이
눈을 뜰까요
어둠이 몰려와요.

4
아무런 울음소리 이제 여기 들리지 않고

공기를 떨게 하는 정적의 푸른 비늘뿐
인간적 너무 인간적인

물이 든다
달이 뜬다.

* 벨라돈나 : 미(美) 또는 부정(不貞)의 여인

소년행(少年行)

― 김남천(金南天)

아직 가려 있다
보이지 않는
컴컴한 하늘

얼은 고무신짝으로
페달을 밟을 때마다

뼈만이 떠가는 겨울
내내 남풍이 그리웠다.

누님 보고 싶어요
깨끗한 버선코가

   어딜까, 어둠을 몰고가는 저 거센 손길들 머무는 곳은. 몸을 팔아 삼시를 해결해도 하나 욕될 것 없는 세상에서 무시로 씨없는 새끼들은 태어나고 거칠게 자라나고 버림받고…… 제 앞가림 저리 캄캄한 구멍 속에 뿌리내리는 악착같은 목숨들이 오늘 빨래처럼 널려 펄럭이고 있다. 매운 바람에 꽁꽁 얼어가고 있다.

  누님은 베갯깃 적시며
  이 밤
  어느 강을 건너는지……

거리에서

이 땅의 어둠, 어둠만이 아님을 너 아느냐
광란하던 노기도 분노도 사라진 거리
깨진 병, 간판 조각과 돌멩이를 밟고 간다.
동행(同行)하며 절름거리는 이 시대 외로운 불빛
처음에는 최루가스에 눈물 콧물 흘리지만
맺힌 일 한꺼번에 복받쳐 자꾸 걸음이 멈춰진다
친구여 너는 죽고 나는 빈 손만 떠는구나
비겁하게 감고 있던 이 두 눈 부릅떠도
저 별은 표창이 되어 내 가슴에 꽂히누나
네게 줄 위로의 잔도 진달래꽃도 내겐 없어라
피맺힌 목울대로 아리랑 아라리오
내 안다 먹먹한 가슴 까맣게 탄 기다림을
친구여 지금 그곳 눈 내리느냐 복사꽃 피느냐
인내하며 끝내 가야할 멀고먼 흰눈의 나라
그러나 이 땅의 어둠은 어둠만이 아니다.

제4부 그대 하늘에 뜨는 내 사랑은

비가(悲歌)

흐리고 안개 낀 날 나 그대를 보내야겠네
말간 시간의 뼈들이 떠가는 새벽 정거장
물방울 두어 점 떨어질 듯 아린 고비 다 지나
넘고 넘어온 능선 어질머리 꿈 다 버리고
산과 하늘 맞닿은 곳 그 아슬한 추억도 지나
꺼지는 등불 바라보며 그대 보내야겠네
어떤 것이 우리게 남아 악수를 청해와도
담담히 건네는 눈짓 서로에게 보이지 않더라도
떠남을 예비한 만남 눈물 아예 흘리지 않으리
돌아오는 강둑 길 저 푸릇한 잎새며 들풀
밟고 지나온 유년기의 향내 가지런히 모아
더러는 그대에게 보내고 더러 나 안고 오겠네.

간이역

가슴 속 깊은 부호를
하나씩 접어두고
눈빛으로 넘기던
숱한 강의 풍문도
만남과 떠남의 둘레
풀잎들로 떠는 오후
누가 벗은 우울일까
이 안개비는
총총이며 사람들은 가을 속으로 떠나고
젖은 깃
호젓한 발치
바람들도 울다 간다.

어찌보면
사랑은
기적 속에 떠도는
이름
빛으로 떠 달려가다

핏빛 노을로 지면
초라한 역사(驛舍)의 들녘
무서리는 내리던가
모질게 자란 청(靑)보리들
그 순한 목숨 이끌고
가고 또
가서는 못 오는 기다림 끝을
평행의
그리움 하나
별로 돋는 간이역.

그대 하늘에 뜨는 내 사랑은

그대 하늘에 뜨는 내 사랑은
목을 찢는 깃발이리
더운 숨결 도로 눕히며
잦아드는 소나기리
온 새떼 몰고 가버린
메아리의
겨울 빈 집.

화살이리
한군데로 가 꽂히는
적막하고 큰 슬픔……

아직도 팽팽히 흔들리고 있느냐. 가랑이는 가을 산 깊은 골을 한길로만 깔려가는 사랑이여 독(毒)이 올라 부르르 떨던 천길 어둠의 심중(心中), 일곱 빛깔 난무하던 꽃잎들 모두 지고 목청 높던 강론도 흰 거품의 광기도 저들끼리 떠난 거리 정사(情事)의 계곡 훔쳐 지나 외딴 초가 봉창 위를 두 눈 감고 떠돌다가 아아 비로소 눈뜨고 만난

봄볕 물빛으로 문열고 나서는 그대여 어디론지 모르게 나는 그 자리 없고 동강난 허리 바튼 기침의 함성만이 얼키설키 하얗던 때 그대 찬 입술에 뜨거운 피를 쏟아도 그대의 영혼은 깊고 깊은 잠속의 나라로 떠나고 나는 다만 허공에 꽂혀 울 그뿐.

여직도 못찾은 그대 과녁
시위 떨던
어스름 끝에

반만 낡은 노을빛이리
그대 하늘 내 사랑은
심장 겨누며 내 앞에 와 그만 멈춘
칼날이리
바다리, 푸른 생명이
늘 푸르게 달려오는.

누이 생각

겨울 햇살 고운 날은
누이 생각 납니다
산천 중히 떠받치고
황머룻벌 달려가던
불임의 차가운 자리
뒤척이던 눈물까지

나팔꽃이 까맣게 타도
가 못 닿을 누이 혼은
꽃배암의 정말 환한
꽃그늘이 되었을까
양지쪽 처마에 서면
잊힌 것만 앞섭니다.

필경(筆耕)

버린 잠의 능선 위로 싸락눈이 내리고 있다
빛 한줌을 쏟아내고 탈곡되는 소리들
지금 막 눈뜬 말들이 어둠을 썰고 있다.

빈 들 가득 내리는 달빛 그 해조음을 밟고 가면
이웃들의 시린 입술 푸른 신경 도는 자리
바늘귀 가만히 열고 손끝으로 옮겨 본다.

엄지와 검지 사이 아픔과 기쁨 두 점 사이
닿지 못할 선을 그으며 눈이 문득 아려온다
보일 듯 아아 사라지는 어린 날의 돌팔매여.

잔주름 속 뼈를 깎아 원지(原紙) 위를 뉘여가도
하얗게 기다림만 나를 따라와 누운 처마
오늘도 눈이 내리고 아버님은 오시지 않고.

줄넘기

줄 넘어라
줄 넘어라

바람갈퀴
풀무 속을

갈 때 한 번
올때 한번

닫힌 가슴 죄를 열고

머리채
흔들며 울어라

문 열렸다
달 들었다.

목숨에 기대어

가을이 지는 창쪽
꽃물 벗은 숲을 지나
떠나가는 웃녘 빈 산의
뒷모습이 아픈 새벽
불현듯 잠을 깨치며
살아 뜨는 모음(母音)이여

팽팽하게 잠겨 있는
내 현(絃)의 달빛 근처
실낱같은 울음 쏟아
은빛 비늘 밟고 서면
파르르 마지막 한 잎에
천(千)의 줄이 떨고 있다.

누구인가
허공을 깨는
말의 잠의 어둠의 덫.

불러줄 이름도 없이
꽃은 자주 지지만
또 들국 한 송이 꽂아 두고
손 흔들며 가는 이는.

산을 산이게 하고
바다를 바다이게 한
별,
구름
안개 너머
잠길 듯 떠오는 말씀
한 목숨 닳아가도록
가 못 닿을 눈빛이네.

6월 이미지

1. 호루라기

민초들
피울대
속
잠긴 세월
주리틀어
또,
새떼
떨리는 몸살로
옭아매는
하루
하루.

2. 창

가고 없는 자만이
눈뜨는

산에
들에

허전한 공복 몇 개
휘파람으로 날리며
맨발로 달리는
6월
떠도는
넋
아득한
강.

3. 깃발

흘러
피 흘러
미친 듯이 피 흘러
아물지 못한 허리

기막히게 피 흘러
빈 들판
온몸을 던져
붉게 우는
노래여.

전신주

여윈 손 흔들며
멀어져간
기적
끝을

…… 어둠은 네게 와서 한줄기 빛이 되고 나 홀로 그 빛을 따라 어둠으로 잠긴 이 밤 너와 나 몸채로 달아 타오르고 싶은 밤을

목 타는
기다림
하나
서편으로 걸쳐두고

…… 돌아보면 세상은 늘 나고드는 물살이더라 줄 한번 얹어둔 걸 차마 거두지 못하고 잇대어 달리는 평행 꿈만 깊어 슬프더라.

겨울 벌
울고 서 있네
들릴 듯
들리지 않게.

…… 바람도 산도 다 떠나네 떠나서는 안 오네 어지러이 쓸려간 아름다운 것들 뒤켠에서 다 주고 비워진 몸만 윙윙대며 떨고 있네.

가로등 산책

1

삶은 명료할 것 가로등처럼 분명할 것 어두울수록 몸을 던지며 타오르는 목숨일 것 그 둘레 뛰어들어 죽는 부나비 같은

사랑은 버리는 것일 것 스스로를 비우며 오직 밖으로 건네주는 것일 것

가진 것 다 주고라도 넉넉히 선 겨울 산처럼.

2

열차에서뛰어내려불알친구죽던날말없이걸었다살아있음이무엇인가끝없는의문의휴지부날리며눈이내렸다친구의흰살결그풋풋한향내맡으며나는울수도없었다부끄러워라부끄러워라저문들두둥둥북소리낮게낮게들리던그날.

3

광주엘 갔습니다. 비내리는 오월에 다형(茶兄)의 견고한

고독 무등(無等)은 말이 없고 충장로 풀린 어깨들과 수없이 부딪히며…… 그것들이 떠가는 울음임을 믿습니다. 패인 땅 입술언저리 피멍으로 아문 자리 꺾이며 곧 어둠이라도 함성임을 보았습니다.

북악 · 5
−어떤 꿈

한 여자가 지나간다
바람같이
바람같이
쓸어내면 풀풀거리며
먼지로 내려앉을 여자
온몸에
실리는 강물
회빛 강물
퀭한
눈빛.

눈 오는 밤

삭정이 진 서른 해 잠의
긴 해변을 돌아나와
소록소록 숨을 놓아
초롱 켜는 그리매들
노젓는 물결 소리 속
산이 강이 벗는 소리

빈 가지에 휘는 어둠
그 시린 연대(蓮臺) 밑이라도
두 손 들어 하는
사랑 끝의 한 장 허무
온 가슴 눈비가 치는
세월 밖에 서본다

이내를 건너
내 아이의 풋풋한 살결을 건너
저 은밀한 밤의 밀물
트는 꽃술 비탈에 서면

비로소 한 목숨 끝끝에
돌아오는 것들이여.

가을에

1
맑고 곧은
푸른 선의
소리 하나 갖고 싶다.

저 어둠 속 빛을 이끄는
별들의 탄탄한 울음

그 울음 되받아서는
온 산천을
갈고 덮는,

2
떠날 것은 가게 두고
남은 가슴 다시 추려

갈바람 햇살 얹고
꿈꾸는 섬

눈감는 들

버리고 얻은 자유가
너무 넓어 쓸쓸하다.

3
사랑은 또 어디서
바람을 데불어 오나

깻묵 냄새
들기름불
유자 곱게 익는 마을

땅 밟고 걸으면서도
땅이 자꾸
그리워진다.

겨울 일기

1. 창을 닦으며

덜컹거리는 꿈의 바닥
유리창을 닦는다.

방황과 그 많은 시작
호호 불며
손이 시리다.

기우는 복도의 저쪽
불안한 예감 하나.

2. 초설(初雪)

귀만 남아
떨리는 잎새
은빛 가루
환한 갈채

마른 국(菊) 뿌리까지
속죄양(贖罪羊)의
햇살 일면

새남터
연푸른 종소리
골목길을 깨운다.

3. 보리밭

여윈 가슴 핏물 돌아
살갗 트는
하늘 목숨
밟아다오 밟아다오
눈 못 뜨는 천근 죄를
가난도 헤집다보면
눈에 드는
불씨 서넛.

4. 동백

붉은 입술 깨어 물고
겨울 이편 물이 드네.

이승과 저승 사이
더러 잠과 안개 사이

감은 빛
빼는 목청을
또 한고비 넘어가네.

실종기(失踪記)

어느날 갑자기
나를 잃어 버렸습니다
왁자한 시장 어귀
길이 문득 끊어지고
아득한 산과 들 건너
빗소리만 몰렸습니다
질척이며 애써 끌고 온
사치분교 모음(母音)들이
뛰어가는 뒤꿈치에 하얗게 부서지고
내 몸은 그때이던가
가볍게 떠올랐습니다
파닥이던 새 깃들이
하늘 속으로 사라지고
둥둥 떠가는 소년기의 꿈
먼 데 종이 울렸지요
자꾸만 차오르는 수면이
나를 가만 덮었습니다.
그렇습니다

숱한 이름, 이름들
그 하나에 소멸되듯
때로 잊혀진 채 고립되어 간다는 것을
얼마나 섬뜩하고 무섭고
아름다운 일입니까.

사랑 산조(散調)·1
−진눈깨비

 허깨비 같은 몸짓으로 그대에게 내리고 싶다 내 그리운 산천 딛고 아슬한 능선 넘고 내려서 녹아내려서 뿌리까지 젖고 싶다.

사랑 산조(散調)·2
―바람

그대와 나 저승에선 바람이었을지도 모를 일 머리 풀고 떠돌다 눈비 맞고 떠돌다 살과 살 다 섞은 후에 빈 몸으로 울었을 바람.

사랑 산조(散調)·5
−팔매질

　감으면 보일 듯이 내내 허리 감추는 그대 아직 먼 나라 안개 바다 그윽한 소리 사랑은 그리운 팔매질 어둠으로 던져지는.

사랑 산조(散調) · 9
―물소리

물소리 듣고 싶어져요 푸른 목청 몇 개 가진 산의. 수목과 그늘에 가려 이끼낀 그대 물소리 일생을 울어도 다 못올 열두줄 그대 물소리……

날아간 새들의 노래, 그 이후

1
가진 것 다 주고라도
찬란히 날아오르는 새떼여

고가 밑 구석진 교각 틈에 바람막이 집을 짓고 떨어질 듯 아스라한 꼭대기에 꿈 단 바람집 짓고 보도블럭 위 남은 햇살 아프게 쪼으며 네 부리 핏물 들도록 가슴마다 핏물 돌도록 두고온 네 땅의 노래 그리워 구구구 구구구구 아 그 하나 남길 설움도 없이 바닥까지 꼭꼭 찍어대는 소리, 날 가두는 소리

네 이름 불러줄 뉘도 없이
서성이다 또 해가 지네.

2
지는 것 어디 해뿐이랴
마음도 산산이 지는 것을

차에 쓸려 죽어간 네 친구들의 육신 묻어줄 땅 한 조각 여기 내내 비치지 않고 갈린 사지 눈비에 쓸려 씻겨가도 그 비명 받아줄 안식도 없이 흔들리는데 도심에 뜨는 크고 아름다운 적막, 달빛이여 썩지도 못할 악마의 달빛이여 남은 것들 하늘을 우러른 초롱한 눈매 또렷한 응시가 이리 눈이 아파오는 것을

　두고온 땅내음 물소리가
　물컥 그리운 도시 한복판.

3
　그 이름 낱낱이 떠
　자유의 날개 달았으리

　고가 위로 씽씽 차소리 딛고가도 그 소슬한 이마 꿈의 집 못 허물듯 죽음과 함께 사는 넉넉한 자유 산산이 흩어져도 당당한 자유 한밤이면 품고 자는 아아 따뜻한 자유…… 발꿈치 엉겨드는 이 부끄러움 몇 겹을 벗어야 네

소리 가까이 오를 수 있으랴

  이적도 미친 사랑 안고
  사랑 안고 나는 가네.

떠도는 전봉준(全琫準)

1. 타오르는 들불

성긴 눈발 날리는
저편
낮게 낮게 걸리는 등불
북향한 녹두장군, 어깨가 들먹인다
삼남의 어둠 속 깊이
함몰하는 소리들

새야 새야 파랑새야
녹두밭에 앉지 마라
녹두꽃이 떨어지면
청포장수 울고 간다
웃녘 새 아랫녘 새야
진주 고부 녹두새야.

때리면 일어서고 눕히면 머리 흔드는
이름 모를 잡풀들의 소리 없는 고갯짓

아니오 아니오, 라고 답할 줄도 모르던 가슴들이
일어서 울고 있다 감연히 일어나서
들릴 듯 들리지 않게 보일 듯 보이지 않게
갖혀진 소리를 꺼내 갈기 세워 울고 있다.

등소(等訴)가자 등소가자
더 이상은 참을 수 없네
만석보(萬石洑) 물길을 따라
빈 손금 가을 이랑을 따라
잠든 땅 흔들어 깨우며
발뿌리 울리며.
그대 아는가
두 주먹 불끈 쥐며
또, 떨며
황폐한 땅 땀으로 갈아
무명세(稅)로 앗긴 저녁을
피와 살 마를 때까지
신음하며 참았음을.

마항(馬項)시장 겨울 새벽에
바람들이 끓고 있다
농민과 동학교인 밀리는 인파 인파
흰 수건 동여맨 머리 위로 죽창들이 떨고 있다.

녹슨 어둠방울 뚝뚝 지는 황토현 부근
매운 연기의 몇 밤인가
여기 잠든 자 몇인가
봄소식 앉을 겨를 없이 들불이 타오른다.
타오른다 고부에서 태인에서 부안에서
정읍에서 흥덕에서 고창 서져 부장까지
꺼지지 않는 불이여

타오른다
타오른다

이 밤이 가고 나면 찬란한 빛의
아침 오리니

울지 마라 조선 아낙이여
꽃말이여 유민(流民)이여
못 건질 목숨으로야 방패삼고
내 가느니
달도 별도 뜨지 않는 우울한 시대의 벌판
웅크린 가난한 삶 칼로 재운 부엌문 기대
무식히 녹두장군 운다

꺼이꺼이 척왜척왜
꺼이꺼이 척왜척왜.

2. 불빛

어둠 속에서 바라보는 불빛은
그냥 불빛이 아니다

아니다 그것은 분명 살아 있는 혼들 부대끼며 오늘을
살아가는 단돈 백원을 가지고 아내와 싸우고 우울한 가슴을 저 나르는 인부 장씨(張氏) 핏줄선 눈망울이다. 시대를 모르더라도 한 표를 정직하게 던지는 양심이다. 굵은 힘줄로 떠받는 남도 하늘 푸른 하늘 보이더냐 당당 멀었더냐 시대를 아파하며 울먹이는 민초(民草)들. 바람에 맞서 악착스레 고개를 드는 풀잎들이다.

　오늘밤 포장마차 기대
　꺼이꺼이 우는 장씨

3. 다시 피는 진달래

　무슨 할 말 더 남아
　흐드러져 너는 피느냐

산이란 산 다 갈아엎고 그날 함성 뱉으며 붉게 우는 꽃아 웅장한 것도 사치일 것도 아닌 그저 아픈 가슴만 빠개어 내보이며 흔들리고 있느냐 가만히 귀 기울이면 너 혼자 온 것 같지 않구나 이 야산 질러가는 아이들 목소리

또렷하고 씩씩한 이 땅의 아이들 신라와 고려와 조선의 아이들 한데 섞여 오늘 땅을 밟고 뛰는구나 풀잎 흔들리고 나무들 흔들리고 산마저 흔들리누나.

  아이들 말간 노래가
  하늘 끝에 고운 봄날.

이중섭(李仲燮)

1. 싸우는 소

다 벗고 달려가도
인종(忍從)의
차운 뒷길

천년 한 한껏 실린
분노만
가슴에 남네

울다간
써레질 자리
피맺힌 눈
ㅡ할메
ㅡ할메.

2. 걸어가는 소

만지면 카칠한 목청만이 남았어라
겨울날
가난한 뜨락
집집마다 불을 켜고

지순히
끌어온 목숨
땅을 사랑한
죄밖에는……

3. 달과 까마귀

한 놈은 머릴 처박고 달 속에서 웁니다
그걸 보는 다른 놈의 눈빛
아름답고 불안해요.
세 가닥 굵은 전선이 나를 마구 휘감네요.

눈빛 총총 달을 띄운 지금은 위험한 밤
불을 켜지 마세요
그냥 그대로 좋아요
저봐요
튀어나온 눈알
푸르도록 슬프네요

4. 물고기와 아이들

지느러미 파닥임만큼
아이들은 신이 났다

벗은 몸
벗은 꿈
벗은 선(線)
벗은 말

고향의 하얀 모랫벌

섬이 자꾸
그리웠다.

5. 가족

조용히 살자해도
문둥이 같은
그리움

바다 건너
너무 먼 곳
밤이면
미쳐 울었다

삼선교
비는 내리고

목선으로 뜨는

사내
하나

해설

하늘에 이르는 목숨

오 세 영

시인, 서울대 교수

1

　다른 시조 시인들과 마찬가지로 나는 이지엽을 잘 모른다. 가끔 시조시단의 행사에 초대되는 기회에 우연히 한두 번 공적으로 만나 보았을 따름이다. 그러나 그의 문학에 대해서는 지면을 통해 자주 대했고 그가 미래의 우리 시조시단에서 중요한 몫을 담당할 것이라는 생각은 일찍부터 가지고 있었다. 그러한 나의 예감은 적중해서 근년에 들어 그의 문학 활동이 남다르게 활발하다는 것은 누구나 아는 바이다. 최근에 수상한 <중앙시조대상>과 더불어 이 선시집, 즉 『해남에서 온 편지』는 이와 같은 그의 문학적 성취를 단적으로 보여주는 하나의 예라 하겠다.

2

    이 선시집은 모두 4부로 구성되어 있는데 일반적인 시집이 그러한 것과 같이 각 부는 저마다 공통되는 테마를 중심으로 엮어져 있다. 제1부 '해남에서 온 편지'는 '생명'을 주제로 한 시들의 여러 가지 변주로 보인다. 물론 이 시집 전체를 숙독하면 알게 되겠지만 이지엽에게 있어서 '생명과 사랑'이라는 테마는 제1부에만 한정되어 있다기보다 오히려 일관되게 그의 문학의 중심에 놓여 있다. 그러나 제1부에서는 그것이 보다 직접적이고 본질적으로 – 일찍이 '생명 탐구'를 문학에 끌어들인 김동리(金東里)의 용어를 빌리자면 '구경적'(究竟的)으로 다루어지고 있다는 점에서 다른 부의 시들과 구별될 만하다.

    쫘악 땡볕이 선을 마구 그어대는 7월 한낮

    서툰 발길질에 풀섶에서 튕겨 나온 시넝이 한 마리가
    꺼칠한 시멘트 바닥 그 불가해의 사막을
    기엄기엄 기어가다 뒤집어 배배꼬다가 해찰부리다
    다시 한 번 슬리퍼에 군화발에 밟히더니 짓밟히더니

    끝내는 으깨진 채로 말라 비틀어져 가고 있군요, 글쎄
                               –「외로움」전문

'지렁이도 밟으면 꿈틀한다'는 속담이 말해주듯이 지렁이는 가장 하찮은 생명의 상징이다. 시인은 이렇듯 하찮은 존재를 등장시켜 인위의 비정함과 생명의 소중함을 일깨우고 있다. 이 시는 '지렁이 같은 미물도 이럴진대 하물며 인간이란?' 하는 반어적 질문을 우리에게 던지고 있는 것이다.

제2부 '틈새로 본 일곱 가지 절망 또는 희망'은 시인의 역사 의식을 형상화한 작품들로 엮어져 있다. 다른 지식인들과 마찬가지로 시인 역시 역사 속의 인간이다. 그리고 그가 대면한 역사가 그만큼 절실한 것이었다면 시인 또한 그로부터 자유로울 수 없을 것임은 너무나 당연하다. 예컨대 '5월의 광주(光州)'가 바로 그것이다. 온 겨레 누군들 겪지 않았을까마는 특별히 그 규정된 삶의 공간으로 인하여 그것을 온몸으로 받아 안아야 했을 시인의 경우 그 아픔은 상상할 수 없을 만큼 컸으리라. 시인은 그것을 시로 썼다. 아마도 그 대표적인 것들은 「무등일기」(無等日記)「인동일기」(忍冬日記)로 대표되는 연작시들일 것이다.

    왕도(王道) 위에 법도(法道) 있으면
    그 위에는 민도(民道) 있음을
    아느냐 정녕 네 아느냐
    퀭한 눈 무릎는 채
    세한의 삼동(三冬)을 건너

대쪽 퍼런

사내 하나 간다.

―「매월당 생각―무등일기(無等日記)·2」 부분

「무등일기(無等日記)·2」인 「매월당 생각」의 결말 부분을 인용해 보았다. '매월당(梅月堂)'이란 세조(世祖) 때의 생육신(生六臣) 김시습(金時習)의 호를 일컫는 것이니 그가 역사의 시련기에 매월당을 사모하여 시를 쓴 이유를 알 만하다. 시의 결말은 '삼동'으로 상징된 생명 압살의 시대를 대쪽같은 절의(節義)로 이겨내는 민중의 의지에 대하여 이야기하면서 끝난다. 민중과 역사에 대한 그의 믿음이 잘 나타나 있는 작품이다.

제3부 '떠도는 삼각형'은 존재탐구의 시들을 모은 것이다. 시인에게 있어 존재란 불안하고 불완전하다. 그런 까닭에 그의 시의 화두는 항상 완전한 존재, 충만한 존재란 무엇인가 하는 문제로 귀결된다. 이 완전한 존재와 불완전한 존재를 상징하는 것이 그의 시의 '삼각형'이다. '정립된 삼각형'이란 완전한 존재를, '떠도는 삼각형' 즉 '흔들리는 삼각형'은 불완전한 존재를 나타내는 기하학적 이미지인 것이다. 다 아는 바와 같이 삼각형은 가장 완전한 기하학적 구도를 지니고 있다. 예컨대 다리가 셋인 가구는 항상 안정을 취할 수 있다. 두 다리는 서기가 불안하며 네 다리는 그 중 하나가 착지되지 않아 뒤뚱거리지만 세 다리는

필연적으로 서로 버티고 설 수밖에 없기 때문이다. 가령 솥[鼎]이 다리가 셋인 것, 그리하여 완전한 숫자를 나타낼 때 '정립(鼎立)' '삼총사' '삼성(三星)'과 같은 용어들을 사용하는 것, 전체를 등분할 때는 시작(선두)과 중간과 결말(후미)로 나누는 것, 인생의 모방이라 할 '글쓰기'에서 글을 '서론' '본론' '결론'으로, 시대는 '고대' '중세' '현대'로 나누는 것 등도 이 때문이다. 요컨대 우리들의 보편적인 의식에 있어서 3이란 숫자는 완전한 것을 의미하며 이 3을 사물의 구조로 형상화시킨 도형을 삼각형이라 이르는 것이다.

그러한 관점에서 시인은 인간의 경우에도 완전한 존재란 어떤 삼각형을 이룬 상태일 것이라고 생각한다. 그럼에도 불구하고 그 이상적인 삼각형을 정립하지 못하여—달리 말해서 '떠도는 삼각형'의 상태를 벗어나지 못하여 존재는 항상 불안하고 불완전하게 된다는 것이다. 그렇다면 인간의 완전성을 담보하는 그 삼각형의 정점이란 무엇일까. 다음과 같은 시는 그 해답을 분명히 해주는 듯하다.

    놀이터에서
    한 아이가
    그네를 타고 있다.

그네를 타는 것은 아이와 내가 다를 바 아니다. 그러나 아이가 느끼는 것은 하늘과 땅 번갈아보는 아찔한 재미이고 내 그네는 실은 허공에 매여져 환시처럼 머릿속을 오갈 뿐이다. (화사한 꽃밭과 텃밭 사이, 더러 죽음과 삶 사이, 안개와 눈물 사이, 관념과 실존 사이)

내 그네에 있어 안개와 죽음은 동류항이다. 땅과 실존이 동류항이듯. 아이가 하늘과 땅을 자유자재로 오가며 재미를 느끼는 그것처럼 아아 나도 번갈아 그 두개를 맞잡아 흔드는 재미를 볼 수 없는 것일까.

땅
하늘
선명한 경계 위에
발이 아픈
내
그림자.
―「떠도는 산가행·2 그네」전문

'아이'는 그 원형 상징에 있어서 항상 완전한 존재를 의미한다. 그는 세속의 때를 입지 않은 순결한 자이며 모든 생명의 가능성을 내밀하게 간직한 신(神)의 아들인 까닭이다. 그리하여 그리스도도 '누구든지 어린아이와 같지 않고서는 천국에 들어 갈 수 없다'고 하였다. 이는 불교에서의 동자불(童子佛), 기독교에서의 아기 예수, 한국의 샤머니즘에서의 '태주'나 '동방삭' 등이 모두 신선성과 완전성을 구유한 존재로 제시되는 것을 보아서도 알 수 있다. 인용시에서도 아이는 완전한 존재로 등장한다. 그는 하늘과 땅을 자유자재로 오갈 수 있는 자로 묘사되어 있기 때문이다. 그러나 성인인 화자는 그렇지 못하다. 그는 다만 죽음과 삶 속을 하나의 환시처럼 헤매고 있을 따름이다. ('그네를 타는 것은 아이와 내가 다를 바 아니다. 그러나 아이가 느끼는 것은 하늘과 땅 번갈아보는 아찔한 재미이고 내 그네는 실은 허공에 매여져 환시처럼 머릿속을 오갈 뿐이다' '아이가 하늘과 땅을 자유자재로 오가며 재미를 느끼는 그것처럼 아아 나도 번갈아 그 두개를 맞잡아 흔드는 재미를 볼 수 없는 것일까')

 이 시에서 아이와 성인(成人)인 화자는 모두 그네를 타는 사람으로 제시되어 있다. 그러나 이 두 사람은 서로 대비된다. 아이는 그 그네를 이용하여 하늘과 땅을 자유자재로 넘나들 수 있지만 화자는 다만 삶과 죽음의 경계선을 환시처럼 헤매는 존재, 즉 소멸되어가는 존재이기 때문이다. 왜 그런 것일까. 그것은 이 시의 결말이 말해 주듯 아이는 그 타고난 신성성과 완전성으로 삶의 세 가지 정점이라 할 하늘과 땅 그리고 인간을 조화롭게 연결, 이상적인 존재의 삼각형을 정립시킬 수 있지만 화자는 이 세 가지 성점으로부터 소외당하여 존재의 삼각형 자체가 허공에 떠돌고 있기 때문이다. 그리하여 이 작품을 통해 시인이 말하고자 하는 것은 완전한 존재의 완성이란 하늘의 세계와 땅의 세계 그리고 인간의 세계를 조화시키는 데서 가능하다는 사실이다. 그것은 오랜 동양의 예지에 있어서 천(天), 지(地), 인(人) 삼세의 조화를 의미하는 것이기도 하겠으나 신의 법과 사회법과 인간의 법이 상호 조응하는 삶의 지혜를 뜻하는 것이라고도 하겠다.

제4부 '그대 하늘에 뜨는 내 사랑은'은 뚜렷한 구심점이 없이 여러 경향의 시들이 묶여 있는 듯하다. 예컨대 「간이역」은 사랑, 「떠도는 전봉준(全琫準)」은 역사, 「한국의 가을」은 자연, 「목숨에 기대어」는 인생에 관한 시이다. 그러나 이 중에서는 사물을 탐구한 시들이 필자의 관심을 끌었다. 우선 제목만 거명해도 알 수 있는 「6월 이미지」「겨울 일기」「전신주」 등의 작품이다.

3. 깃발

흘러
피 흘러
미친 듯이 피 흘러
아물지 못한 허리
기막히게 피 흘러
빈 들판
온몸을 던져

붉게 우는
노래여

　　　　　　　　　　　　　　－「6월 이미지」 부분

　이지엽의 사물시들은 날카로운 통찰력과 압축된 언어 그리고 감각적인 표현으로 그의 문학적 재능을 한껏 돋보이게 한다. 인용시에서도 '깃발'을 '빈 들판 온몸을 던져 붉게 우는 노래'로 해석한 그의 상상력이 비범하다. 특히 비생명체를 생명체로, 시각적인 이미지를 청각적인 이미지로, 수직적인 존재(깃발)를 수평적인 존재(온몸을 던져)로 환치시킨 것은 미적 효과를 심화시키는 데 크게 기여하고 있다.

3

　필자는 앞장에서 이 선시집의 제1부가 사랑과 생명의 탐구에 바쳐지고 있으나 간접적으로는 그만이 아닌 전체 시의 일관된 테마임을 밝힌 바 있다. 그 소재가 자연이든, 사회든, 혹은 문명이든 시인은 그로부터 생명을 발견하고 생명의 소중함을 노래한다.

꾸부정한 할머니가
아기를 들쳐 메고
부서진 양철대문 앞

재우 가누며 서있다.

　　담벼락 괴발개발로

　　접 부칩니다 환영
-「목숨」전문

　이 시에 등장한 노파-할머니는 가난과 궁핍에 찌들대로 찌들어 있으며 더구나 이 생을 얼마 남겨놓지 않고 사라져 갈 존재이다. 그러므로 그녀에겐 삶에 대한 애착이 있을 법하지 않다. 그럼에도 불구하고 그 노파는 아이의 여린 생명을 그의 온 마음과 정성으로 받들어 섬긴다. 시인의 계산된 전략이겠지만 특히 이들 인물들이 '접을 부친다'는 간판 글씨 앞에 서 있는 것으로 묘사한 것은 그와 같은 의미의 상징성을 더욱 배가시키고 있다. 이렇듯 이 작품은 그것이 어떠한 상황에 처해 있든 생명이란 소중한 것이며 그 생명을 잉태하고 기르는 일은 모든 살아 있는 것들의 근원적이고도 맹목적인 행위라는 것을 잘 말해준다.
　그런데 생명에 대한 자각과 나아가서 그것을 소중하게 생각하는 마음은 본질적으로 사랑의 감정이다. 생명의 소중함이란 바로 사랑에 대한 의식 그 자체에 다름 아니기 때문이다. 따라서 생명 탐구는 필연적으로 사랑에 귀결할 수밖에 없다. 시인이 다음의 시에서처럼 목숨과 사랑을 동일시하는 이유도 여기에 있을 것이다.

> 눈물도 말라버린 물기 없는 눈을 들어
> 바람에 살갗 트는 겨울날을 견디면서
> 끝내는 버릴 수 없던 목숨이여, 오
> 사랑이여
> ―「담쟁이 넝쿨―인동일기(忍冬日記)·1)」 부분

이렇듯 이지엽의 시에서 생명과 사랑은 동전의 표리를 이룬다. 그러므로 그에 있어서 '사랑'의 문제는 단지 이성애에 국한되는 것이 아니라 보다 폭 넓게 인간에 관한 문제로 확산될 수밖에 없다. 그것은 좁게는 연인이나 가족 구성원을 대상으로 하지만 넓게는 사회나 역사를 포괄한 생 그 자체가 대상화됨을 의미한다.

> ① 그대와 나 저승에선 바람이었을지도 모를 일 머리 풀고 떠돌다 눈비 맞고 떠돌다 살과 살 다 섞은 후에 빈 몸으로 울었을 바람
> ―「사랑 산조(散調)·2―바람」 전문

> ② 아가야 너만은 이 세상을 따뜻하게
> 껴안아야 한단다.

지존파가 살인공장을 세우고 태운 연기 까맣게 푸른 하늘
덮어가도 열차도 붕괴되고 어느 날은 어느 날 아침은 그렇게
든든해 보이던 한강 다리가 무 자른 듯 댕겅 끊어지고 버스가
대롱 매달리더니 물 속으로 거꾸러져 떨어지고 등교하던 학생
들이 무더기로 저 세상 갔는데 이 세상은 보고를 받았느니 몰
랐느니 어쩌구 하면서 며칠 왁자지껄하더니 글쎄……

　　아가야 정말 감쪽같게도
　　조용하잖니
　　심심하잖니
　　　　　　　　　－「그래도 이 세상을 따뜻하게?」부분

①은 연인에 대한 사랑을, ②는 인간에 대한 사랑을 노
래한 작품이다. 그러니까 전자가 에로스를 지향한 것이라
면 후자는 휴머니즘을 지향한 것이라고 할 수 있다. ①에
서 시인은 연인과의 합일이 픽연적인 것이며 생사의 윤회
가 만들어낸 운명적인 결합이라고 말한다. 그리고 그것은
'바람'이 지닌 '가변성'의 이미지에 의해서 보다 상징적으
로 언급되고 있다. 바람이야말로 땅과 하늘 즉 이승과 저
승을 왕래할 수 있는 자이기 때문이다. 그러한 의미에서
이 작품은 삶의 존재론적 측면을 사랑으로 해명하고자 한
것이라 할 수 있다. 한편 ②에서 시인은 공동체, 즉 사회
적 존재로서의 인간에 대하여 이야기한다. 그것은 오늘날

비인간화되어가는 우리의 현실에 대한 고발이며 그럼에도 불구하고 그 비극적인 상황을 구원할 수 있는 것은 사랑 이외엔 아무 것도 없다는 자기 확신의 천명이다. 시인이 생명의 원형이자 미래의 가능성인 '아가'에 대해 자신의 믿음을 고백하고 그에게 사랑의 가치를 가르치고자 하는 이유가 여기에 있다('아가야 너만은 이 세상을 따뜻하게/ 껴안아야 한단다'). 존재론적인 존재이든 사회적인 존재이든 이처럼 인간을 인간답게 하는 것은 사랑 밖에 없다고 시인은 생각하는 것이다.

그러나 이지엽의 시에 있어서 또 한 가지 중요한 테마는 '자유'의 문제이다. 시인은 사랑이나 생명 못지 않게 자유를 갈구한다. 그것은 그의 많은 작품들이 이를 다루고 있는 데서도 알 수 있다.

젊은 날의 자유여,
푸른 사랑의 음계들이여!
그 이름 까무촉촉 오거든
눈물도 조금 흘리거라.
―「멸치볶음―인동일기(忍冬日記)·2」 부분

버리고 얻은 자유가
너무 넓어 쓸쓸하다.
―「가을에」 부분

완벽한 흰 눈꽃의 세상
너 갔을까
새가 되어
자유의 하늘로 우리 어릴 적 그 하늘로
　　　　　-「틈새로 본 일곱 가지 절망 또는 희망」 부분

그 이름 낱낱이 떠
자유의 날개 달았으리
　　　　　-「날아간 새들의 노래 그 이후」 부분

　'자유'라는 단어를 직접 표출시킨 시행들을 몇 개 열거해 보았다. 그러나 가령 '놓아줘 놓아 놓아 줘/ 약봉지에 쌓여 점점 소멸되어가는 나는/ 흰/ 알약'(「떠도는 삼각형·6-괄호에 관하여」)과 같이 자유라는 단어를 문맥에 들어내지 않으면서도 자유에의 갈망을 간접적으로 피력한 작품들까지 포함시킨다면 실로 이지엽의 시에서 자유의 문제는 '사랑과 생명' 이상으로 그의 시세계에서 핵심을 이루고 있음을 알 수 있다. 그렇다면 그에게 '자유'란 무엇인가. 한마디로 말하자면 그것은 '억압 없는 생명의 발현'을 의미한다. 즉 그가 자유를 갈망하는 것은 모든 생명 억압 즉 비인간화로부터 벗어나 생명의 본원성과 순수성을 이상적으로 실현하기 위해서이다. 그리하여 다음과 같은 시가 가능해진다.

이제 더 이상은
　　소리 속에 가두지 마
　　자유롭게 날고 싶어
　　새가 되어
　　꽃씨 되어
　　　　　　　　　　　　－「확성기」 부분

　굳이 설명할 필요 없이 인용시에서 '새'와 '꽃씨'는 생명의 상징이다. 그러므로 이 구속에서 벗어나 자유롭게 날 수 있는 새와 꽃씨는 바로 억압 없는 생명 혹은 생명의 무한한 발양을 뜻한다. 여기에서 우리는 왜 이지엽이 생명(목숨) 혹은 사랑을 '하늘'과 일원화시키고 있는지 그 이유를 알 수 있다. 하늘 같은 사랑 혹은 목숨이란 바로 무한한 사랑, 무한한 생명을 상징하고 있기 때문이다.

　3. 보리밭

　　여윈 가슴 핏물 돌아
　　살갗 트는
　　하늘 목숨
　　　　　　　　　　　　－「겨울 일기」 부분

　　그대 하늘에 뜨는 내 사랑은

목을 찢는 깃발이리

-「그대 하늘에 뜨는 내 사랑은」 부분

그리하여 이지엽의 시는 궁극적으로 '하늘'의 세계를 지향한다. 그의 생명 탐구는 결국 하늘과 일원화된 삶에 이르러 완성이 가능해지는 것이다. 그리고 여기서 목숨이 하늘에 이를 수 있는 방법이 '사랑'에 있다는 것은 우리가 이미 살펴 본 바이다.

그런데
이상한 일도 다 있지
그 화음의 노래들이 나를,
나를 휘감아 하늘 위로
떠올리는 거였어

-「떠도는 삼각형·4」 부분

이지엽 연보

1958년　음력 12월 25일 해남군 마산면에서 부 이용호(李龍浩)와 모 윤동례(尹東禮)의 4남으로 태어남(본명 : 李景英).

1972년　해남중학교 2학년 재학 중 가족들의 상경에 의해 서울로 이전, 중화중학교로 전학.

1974~1977년　경동고등학교 재학, 재학시 상단(上段) 문예반 활동. 상단 33기, 각종 백일장 등 수상 20여 회, 문예공로상 수상.

1975년　동학 김동찬과 함께 2인 시집 『제목 없는 전설』 발간.

1979년　시와 시조집 『아리사의 눈물』 발간.

1981~1989년　성균관대 영문과를 거쳐 같은 대학원 국문학과 마침. 문학박사.

1982년　한국문학 백만원 고료 신인상에 시 「촛불」 외 당선.

1984년　경향신문 신춘문예에 시조 「일어서는 바다」가 당선.

1985년　『다섯 계단의 어둠』 시집 발간.

1989년　시조집 『떠도는 삼각형』(동학사) 발간.

1990년　『샤갈의 마을』(청하출판사) 시집 발간.

1994년　『한국 현대문학의 사적 이해』(시와사람사, 최한선 교수와 공저), 5인 사화집 『다섯 빛깔의 언어 풍경』(동학사) 발간.

1995년　2월 『당신도 좋은 글을 쓸 수 있다』(도서출판 희망) 발간.

1996년 10월 『동시·동화 창작론』(채희윤과 공저).
1997년 『한국 전후시 연구』(태학사) 발간.
1998년 「해남에서 온 편지」로 한국 시조 작품상 수상.
1999년 「적벽을 찾아서」로 중앙시조대상 수상.
1995년 이후 「존재와 성찰의 시학」「형식의 자유로움과 그 틈새의 세상 읽기」「순수와 화해와 자존의 내면 풍경」「아름다운 슬픔과 탄력의 미학」(박재삼론) 「생명·의식·길의 존재론적 탐구」(장순하론) 「둥근 종소리, 그 희고 서늘한 서정」(정완영론) 「존재와 성찰의 시학」「형식의 자유로움과 그 틈새의 세상 읽기」「순수와 화해와 자존의 내면 풍경」 등 많은 시와 시조 관련 평론 발표.
현재 『열린시조』 편집주간, 『시와 사람』 편집위원, <민족문학작가회의> 이사, <오늘의 시조학회> 회원, 광주여자대학교 문예창작학과 교수.

참고문헌

강우식, 「신서정, 그 정태와 동태」, 『다섯 계단의 어둠』, 청하, 1984.
박현서, 「시적 구조의 양상」, 『현대시학』, 1988. 7.
원재길, 「울음의 방식」, 『샤갈의 마을』, 청하, 1990.
신동욱, 「이지엽의 시세계」, 『시상과 목소리』, 민음사, 1991.
김선태, 「다양한 실험정신과 비평정신」, 『열린시조』, 1998. 여름.
이우걸, 「불안한 삼각형의 시학」, 『시문학』, 1998. 8.
김춘식, 「절망으로 피워 올린 꽃」, 『현대시』, 1999. 1.
신종호, 「사이를 감싸는 남도의 노래」, 『현대시』, 1999. 1.
박민영, 「항아리와 막걸리 흰 사발」, 『시안』, 1999. 봄.
김복근, 「도시공간성과 리비도」, 『시문학』, 1999. 8.
고현철, 「열린시조의 다채로움」, 『열린시조』, 1999. 가을.
임환모, 「1980년대 시인들의 정신적 살림살이」, 『열린시조』, 1999. 가을.
오종문, 「21세기, 시조의 새로운 길 찾기」, 『시문학』, 2000. 1.